AF523948

CHARLOTTE WARSEN

PLAGE

GEDICHTE

in Erwartung einer Schroffheit war man ungekämmt und zag erschienen einsam gar in den Säften

als sie klafften vorn gerafft warn und nichts konnten

ging uns laufend kurz der Körper aus
in Erwartung einer Schroffheit war man ungekämmt und zag erschienen einsam gar
die ersten Sätze schafften uns und würden en passant mit uns verschwinden

in den Säften als sie klafften vorn gerafft warn und nichts konnten ging uns laufend kurz der Körper aus
in Erwartung einer Schroffheit war man ungekämmt und zag erschienen einsam gar
die ersten Sätze schafften uns und würden en passant mit uns verschwinden

wie spinnert meine Finger leicht und lotrecht über Wangen gehn ein Leben lang anhaltend triumphale Regenfälle rege und penible Schlagscheren
es drittelte sich alles gegen Abend so infam und nicht mehr fähig seine Nebel bei sich zu behalten
die letzten Sonnenstrahlen schafften uns und würden en passant mit uns verschwinden

in Erwartung einer Schroffheit war man ungekämmt und zag erschienen einsam gar
es trieb der schwerste Saft umzingelt oben träumte brodelnd wie der Fisch im Kalakukko träumt im Brotlaib ungehindert über Gurgelrouten
die letzten Sonnenstrahlen lehnten lässig am Massiv (würden en passant mit ihm verschwinden)

es drittelte sich alles gegen Abend so infam und nicht mehr fähig seine Nebel bei sich zu behalten
die letzten Sonnenstrahlen schafften uns und würden en passant mit uns verschwinden
in Erwartung einer Schroffheit war man unbestimmt und zag erschienen einsam gar

wie spinnert meine Finger leicht und lodernd über Wangen gehn ein Leben lang anhaltend exaltierte Regenfälle rege und penible Schlagscheren
es drittelte sich alles gegen Abend so infam und nicht mehr fähig seine Nebel bei sich zu behalten
die letzten Sonnenstrahlen schafften uns und würden en passant mit uns verschwinden

am Hals von alten Amusements befallen rollten alle Elixiere wollten was befahlen uns und schnallten was und dachten sichs und machten sich an uns zu schaffen
in Erwartung einer Schroffheit war man ungekämmt und zag erschienen einsam gar
von innen schmiedeeisern schimmernd lang und breit entlangschreddern am Anderen

es drittelte sich alles gegen Abend so infam und nicht mehr fähig seine Nebel bei sich
zu behalten
diverse Dragees deren Ergebnisse ungewiss sind rieten zur Abreise rieten zu bleiben
am Hals von alten Amusements befallen rollten alle Elixiere wollten was befahlen uns
und schnallten was und dachten sichs und machten sich an uns zu schaffen

in Erwartung einer Schroffheit war man ungekämmt und zag erschienen einsam gar
die letzten Sonnenstrahlen schafften uns und würden en passant mit uns verschwinden
es trieb der schwerste Saft umzingelt oben träumte brodelnd wie der Fisch im
Kalakukko träumt im Brotlaib ungehindert über Gurgelrouten

das Rendezvous zog ungerendert kühn vorüber wir tunkten alle unsre Ohren ein
die Blicke kamen flötenförmig, weggeschüttet
von innen schmiedeeisern schimmernd lang und breit entlangschreddern am Anderen

diverse Dragees deren Ergebnisse ungewiss sind rieten zur Abreise rieten zu bleiben
am Hals von alten Amusements befallen rollten alle Elixiere wollten was befahlen uns
und schnallten uns und dachten sichs und machten sich an uns zu schaffen
so liebe angewidert und zersiedel friedlich wie wenn jemand in die Küche geht und
steht vor dem geschlitzten Licht der Jalousie und gibt dir eine Tasse warmes Maggi

seit früh um sieben ekelt mich alles Geschriebene
trieb der schwerste Saft umzingelt oben träumte brodelnd wie der Fisch im Kalakukko
träumt im Brotlaib
ungehindert über Gurgelrouten in Erwartung einer Schroffheit war man ungekämmt
und zag erschienen

das Rendezvous zog ungerendert kühn vorüber wir tunkten alle unsre Ohren ein
als ob Apostellöffel zögernd fragend auf flambierte Zuckerhauben schlagen
die letzten Sonnenstrahlen lehnten lässig am Massiv (würden en passant mit uns
verschwinden)

am Hals von alten Amusements befallen rollten alle Elixiere wollten was befahlen uns
und schnallten uns und dachten sichs und machten sich an uns zu schaffen
die Blicke flogen flötenförmig, weggeschüttet
das Rendezvous zog ungerendert kühn vorbei wir tunkten alle unsre Ohren ein

in Erwartung einer Schroffheit war man ungekämmt und zag erschienen einsam gar
von innen schmiedeeisern schimmernd lang und breit entlangschreddern am Anderen
wie spinnert meine Finger leicht und vollends über Wangen gehn ein Leben lang
ereignisreiche Regenfälle rege und rigide Schlagscheren

die letzten Sonnenstrahlen schafften uns und würden en passant mit uns verschwinden
diverse Dragees deren Ergebnisse ungewiss sind rieten zur Abreise rieten zu bleiben
seit früh um sieben ekelt mich alles Geschriebene

am Hals von alten Amusements befallen rollten alle Elixiere wollten was befahlen uns und schnallten uns und dachten sichs und machten sich an uns zu schaffen
die Blicke flötenförmig, weggeschüttet
als ob Apostellöffel zögernd fragend auf flambierte Zuckerhauben schlagen

als ob Apostellöffel zögernd fragend auf flambierte Zuckerhauben schlagen
trieb der schwerste Saft umzingelt oben träumte brodelnd wie der Fisch im Kalakukko träumt im Brotlaib ungehindert über Gurgelrouten
am Hals von alten Amusements befallen rollten alle Elixiere wollten was befahlen uns und schnallten uns und dachten sichs und machten sich an uns zu schaffen

in Erwartung einer Schroffheit war man ungekämmt und zag erschienen einsam gar
die letzten Sonnenstrahlen lehnten lässig am Massiv (würden en passant mit ihm verschwinden)
so liebe angewidert und zersiedel friedlich wie wenn jemand in die Küche geht und steht vor dem geschlitzten Licht der Jalousie und reicht dir eine Tasse heißes Maggi

es drittelte sich alles gegen Abend so infam und nicht mehr fähig seine Nebel bei sich zu behalten
die Blicke flogen flötenförmig, weggeschüttet
das Rendezvous zog ungerendert kühn vorbei wir tunkten alle unsre Ohren ein

Seufzergruppen

die letzten Sonnenstrahlen schafften uns und würden en passant mit uns verschwinden so ist es nun aber Abend

so ist es nun aber Abend
und ich kann mit keiner möglichen Todesart leben
man trieb auf Klarnamen und Barken durch die Nacht
im Innern einer Salzwasserlagune
einige von uns die vom Ufer wiederkehrten
waren mit Fliegen dermaßen bedeckt
dass sich kein Teil von ihnen mehr erkennen ließ im
Mondschein jede Einzelne ein benzinfarbener Schwarm
sogleich bemächtigten sich die Insekten auch der an Bord Gebliebenen
trugen sich so dick auf Gesicht und Körper auf
dass man weder aus noch ein wusste
zwei oder drei Tage hielt diese Plage an …

es war kaum witzig
und es mussten alle grinsen

am dritten Tage
gaben Palmwedel und Vogelschwingen den Blick frei
ins abgeblühte Landesinnere
auf eine Summe Affenrufe welliger Empfindung schlug uns schwül entgegen ich hielt
an einer Wasserstelle inne

spülte 58 Kaffeebohnen
einzeln verpackt & schokoliert

mit einer Flasche Vodka runter

und wurde jeder Einzelnen gerecht

doch das amüsierte nicht
und animierte niemanden mit mir zartbesaitet in den Wald zu gehen so
schnell wie sie können es zwar nicht so zeigen
aber insgeheim sind die Depressiven den Animierten für ihre debilen
Grinsetips dankbar

nicht wahr

oder Ophelia
die wie ein halbtoter Idiot
die Förde runtertreibt
in Folterphantasien verklappt
durch einen Halm im Wasser atmend
gab ihren einen Arm an einen Flachmann weiter
den anderen verlor sie in der Dämmerung
schrumplige Kuppen
duct tape Sushi softpacks
seit Jahrhunderten

und überall saßen
Wasserwesen in den Felsen auf so
kühle Weise zart und auf so zarte Weise fragil geil und all das auf so
transluzent entspannte Art dass alles gut aussah und auch so
wehrlos und entleert *dass alle Erregung unerträglich ewig dauerte* und immer nochmal
eine Runde länger als man sowieso schon nicht mehr lustig schlucken ledrig
seinen Namen bei sich zu behalten nicht mehr
gut aussah für Wochen
nichts vermochte

Seufzergruppen

alle fandens schad

Ich sagte kein Wort, sondern raffte mit einer affektierten Langsamkeit meine Schleppe auf, damit man nicht etwa dächte, ich sei außer mir, und ging aus dem Zimmer in den Garten hinaus, Ruhe auf dem Gesicht und die Hölle im Herzen.

Maria Bashkirtseff, *Journal*

alle fandens schad was mich anlangt

und ich solle darüber nachdenken
und die Mätressen wieder an der Kasse abgeben

es springt mir ja immer beim Leiden einer rein

nieder also mit ihren was häufig zum Tod führt lagen sie
quengelnd an meinem Ohr

ohne jegliches politische Interesse

wir fanden den Körper schwachsinnig vor und ohne jegliches politische Interesse

und auch darüber sollten wir häufiger
beiläufig blutrünstig wie frisch entliebte 17-Jährige
nachdenklich schweben
neben den Taillen

und umgekehrt angelacht
sind Herzen ja brotlose
Schlepperbanden
auf Erden

das Herz aber

war in diesem Fall eine Mumie
mit vergrößerten Augen

und hörte dort unten nicht zu

und irrte auf gut Glück umher

und verbittert wie ich sage die Astern *willst du sie nehmen wie das prustende Unglück*
willst du sie hier *wie die Pilze*
in den unendlich
auffliegenden Frauen
haben

(wohl kaum)
und oft sind es auch die
kataraktischen Burschenschaften

die mir den Schlaf
weil sie so hell sind fein
und feil weil sie so flink sie so sind nicht recht von der
Hand ausgebrochener

Singsang

im Herbst habe ich eine Umnachtung

in den Bergen erfahren
an den Händen allerlei ethische Fragen denk ich was Krähen angeht und
ihre Heraldik stört könnte dir so
gefallen
lagen wortlos am Trip und darüber   was bisher
nicht gesagt worden war   hingen glühende Gürtel in Bäumen ihr

Triptrap

zeugte von Kokosmilch Traurigkeit hieß *ich will töten* aber ich traue mich nicht

so ist es zB um Astern geschehen zurzeit ganz unmöglich zu sagen was
ihre Gestalt sei noch größeren Geschenken nachempfunden stecken sie ihre Köpfe aus dem Wasser und
hüpfen wie Frösche
sie geben einen traurigen Laut von sich wobei sie die Kehle nicht
aufblasen   oder was sonst noch   zum Tod führt   schicke ich dir festlichere
Kleider habe ich nicht gefunden

könnte dir passen   in Wiesengräben
an flachen Teichen
stagnierenden Wassern lagen wortlos am Trip und als alles vorbei war hingen
glühende Schlangen in den Bäumen

über uns?

(der Kopf ist glatt Ohren ohne
Trommelfell unter der Haut verborgen)

mich hat dieses Erlebnis

beunruhigt zurückgelassen

später auch im Schlaf begrüßt

und was die Götter angeht so ist es mir seither unmöglich zu essen
meiner laufenden Sorge
zu tragen und zu erfinden dass es gut
werden wird nein
es wird nicht mehr gut

verbiete ich mir wenn ich sage die DNA die Astern die Sense
sind high und die Augen der Anderen

bemächtigen sich jeder Liebe

die Hände

die eingeklemmten
Prophezeiungen
sind alle in den trächtigen Teiggesichtern der Schauspieler dieser Stadt
gefallen

umringt

und bange habe ich lange Zeit nackt einen bemerkt

(mein Ständer ragte ja noch aus dem Schnee
kicherte
stolz)
ich wähnte mich lallend am Starnberger See
an den entzündeten Boulevards Skopjes
das Licht lärmte und knisterte
in seinen Hüllen aus

Espe & Polyethylen

im Winter habe ich eine Fehde

für alle Gezeiten ausgetragen

durch alle Familien hindurch bis heute Schellen an den Händen Wahnwitz in den
korrigierten Stellungen seit Wochen schon schwarzglänzend wohne ich
in dieser Tempelanlage habe ich nichts verstanden und nichts zu erwidern

oder was ich zum Tod noch brauche

geändert in meinen Namen

glimmender Wille in den Bäumen hängt eine Cobra nonstop verbitte
ich mir was Astern angeht macht es mich immer fertig wenn im Wald alle auf dem Bauch erpicht sind –

noch was die Hackordnung angeht besteht allerdings Grund zu
der Annahme dass man evtl. gar nicht hart werden kann weil der Himmel darüber
in Blitzen wie Hagen von Tronje entnervt etwas beiläufig blutrünstig
ruckartig sich zurückzuziehen weiß

Stressreaktion
bis vorhin hatt ich noch gar nichts gegessen
Schellen an den Händen Vorhaut Wahnwitz geschätztes Bonmot

jetzt die korrigierten
Stellungen meine (durchaus dir geltende) keltische
Neigung

Reinemachen im Kleinen ein
geheimer Kult

und wahrscheinlich ist das auch der Gag

wenn ich sage *du Augenweide du Abgangsspirale geplatztes Perdu*
zeigst du eine Gestik kaprizierender Frösche latenter Mätressen wächst nach Luft schnappend auf fängst an
mich zu würgen –

ab ab Absprache
im Klagehagel null ungelesener Nachrichten

ein Pflichttier ohne Neigungen mit Münzeinwurf

evtl. federführend, vertraut

während der ihr der sein Lied klagt seid sein Herz
(aber das Herz war ja eine Mumie mit vergrößerten Augen)

irrte nur noch auf gut Glück über diesen Erdengrund

und dort ist das Bonn der Sonne ein echter Erfolg
geistesgestört doch bemerkenswert durchgängig
Gespräche über die Zukunft führend

das war ein anfangs büschelförmiges Klima

ein zorngeflügeltes Mischwesen sitzt fluchend wie die Sonne im Farn
zeitweilig durch Gewalt am natürlichen Auseinanderfall gehindert
Versuch, ein fremdes zu balancieren über dem eigenen Leben

das war ein anfangs

büschelförmiges Klima avant la lettre Kiemen bevor man sie trennt ihre
Liebesbalancen aus Abstand und Ekel was sonst noch zum Tod führt habe ich eigentlich
schon seit Monaten nichts mehr

abgebildet

verstanden

bemerkt

seit Monaten schon habe ich eine Ferie ausgeartet durch
alle Familien hindurch benebelt könnte ich durchaus
eine ähnliche Lebensart führen

und das ist der Hohn

für den Körper der reinste Horror

am Gaumen eine doppelte Reihe zerbeißen eine knorplige Schuppe ich habe seit Jahren
kein Wort mehr verstanden

rate Ihnen dringend zur Verwandlung

bestehe einen Grund zur Sorge

naja schön sind die ooch nich die sind halt einfach nur – da
und was sonst noch zum Tod führt lagen sie alle herzlich am Ufer
ihre Zeichen sind keine von etwas   ihr Statthalter ist das Finstere

naja schön sind die alle nich aber halten sich halt besser fest benebelt könnte ich
eine seligere Lebensart contre coeur eine träumende Cobra
verschlingen

rate Ihnen dringend zur Verwandlung

bestehe jeden Grund zur Sorge

was aber mir nun wieder fast wie zuvorkam
war schon seit Jahren Museumsinsel Charaktermakel meines unmittelbaren Umlands seine unentrinnbare
überschwängliche Auswirkung auf mich, schwächere Schwester
Bonn der Sonne printemps sag ich zum inneren Schimpi und Pimp

vergessen wir also ihr
Nonstop mal für eine Minute

mich hat dieses Erlebnis fürs Erste vernichtet

später auch den Schlaf versüßt

was ich ansonsten mit Hochebenen Delfinen kaum noch zu tun irre auf
Scherben mit seifigem Derwisch allerorten tief befriedigt
traurige Gewissheit schinden

herrschen lassen

im Prinzip
war ich hin

wollte gar nicht mehr rauf
in den Schlaf weil sie ringsum fatal nicht unangefochten scharf stellen können niemanden in diesem
Land unkontrolliert begrüßen

prustendes
Unglück

sein Singsang
ging seitlich ins Leiden rein
und ein wenig enttäuscht wie ich sage *war alles vorüber hingen glühende Schlangen*
über uns Luftröhren Teilstrecken entrückt aufgeplusterte Männer packten mich rings
am Arm *in der Stadt gewesen*
Leute getroffen
alle begeistert gewesen

ich habe das alles im Nu gelesen

gemischt wie Wildkräuter Honig mit Münzen

auch gedanklich nachvollzogen und so verbitte ich mir
nun was Astern angeht in Zukunft jede Vernunft

auch ist die Frage verworren und das menschliche Leben *wäre kaum noch*
zu Ende zu denken fand ich deinen Körper schwierig und konnte kaum
rücklings darauf zur Atmung Bezug nehmen
war der Hund von dannen entbrannt vertäut gehäutet
bevor eine Urlaubsbekanntschaft Unterschlupf gewähren was sonst noch zum Tod führen kann man doch
sorgloser unerbittlicher stumpf gutgelaunt –

zeugen von Cosmos und glücklichen Tassen flossen die Silberfäden in den Storch zurück
stellten sich rissig

und hoffe ich dennoch dass dieses Tablett *niemand! ernstgemeint! abgestellt!*
hingehalten! bis es silbrig in den nächsten rau-orangenen Morgen schoss –
darüber nicht abfinden
Sense

im Büdchen hielten sie meinen Schatten für einen 24 h so siegreich wie problematisch besorgten
US-Bürger grimmig zweigeteilt engstirniger Schambereich und ihre Askese gegen die
Farbe negativ deren Apotheose

bis vorhin hatt ich ja noch gar nichts eingereicht und niemanden bemerkt gegessen erst recht keinem
Einzigen Sinn mitgeteilt auf der Stirn

unmotiviert aber differenziert sag ich was Astern sind fette Beute war der
Fick so viehisch dass sich alle Unbeteiligten sowieso irgendwann
liedermacherliedersingend in die Tempelanlagen schlossen

und der Körper verhieß eine gute Grenze

von allen guten Geistern und Clubs verlassene Industrieanlage wie uns der Tastsinn oder die
Polizei auf Twitter verrät

im Büdchen hielten sie meinen
Schambereich für ein
Stil- und/oder
Zahlungsmittel

unsittlich und latent neben den Segeln und wenn ich im Wald alle auf dem
Bauch war die Frage bewusst offen gestellt und grausam

wer will schon nichtwirklich nichtidentitäre Erfahrungen im Ausland hoffe ich immernoch dass
dieses Tableau
den Handschuh rechtslinks und die Sorgen von vorn ratlos macht

78 Sorten weisen täglich Statistiken darauf hin dass sich das
keineswegs zur gängigen Praxis des Marktes Durchsitzen enganliegender Geschlechtsorgane kann man nicht
drauf warten

das Ding gibt jetzt also nur noch
für sich selbst über alle anderen Auskunft preis

bis vorhin hatt ich ja noch gar nichts erreicht im Leben ein
Ausmaß von ungeheurem –

sich rechtzeitig auf die Seite schaffen im Halbschatten hielt ich meinen
Schatten fast selbst schon
für einen Schambereich und ein ums andere Mal umgekehrt wie der ta ta Tastsinn wiederum
für alle anderen Allebeteiligten womöglich unangenehm solange wir aber Schlangen
sind ist es Zivilisation

wenn man dann aber in die Farne geht

[...] die Saiten fertigte er aus dem Gedärm einer wilden Katze an, eines degenerierten Nachkommen mit sehr hohen Hinterpfoten und sehr niedrigen Vorderpfoten; es waren Katzen, die in den Wäldern von Cook verlassen worden waren und die aus der Notwendigkeit, zu springen, die Kniekehlen eines Kängurus entwickelt hatten.

Louise Michel, *Memoiren*

eine weitere denkwürdige Eigenschaft derselben ist dass sie kaum sterben

doch pflegen sie scheckige Gesten
wenn der Winter eintritt
ehe sie sich ganz verwandelt haben
unter Wasser von schlaksigen Pflanzen bewacht
so verbleiben sie in diesem Zustand (glattgeleckt)
oder übernachten bis zur Schneeschmelze
aber wie seidig sind wir schon selbst die antikischen
auf dass sie fortan nicht schwimmen
sozial nicht näher definierten Gewänder in die ich meine
sondern nur am Boden fortkriechen
Jünglinge hüllte und die brütend-depressive Brutalität mit der ich sie behütete
waren ein Indiz dafür
und verschlucken selbst Erde
an dem man sich abeifern
an dessen Seite man schlafen konnte

auch noch als alles schon
vorüberging

und übrig war

und übrig in den
Bäumen hing und uh là là blieb die Erde
ein Unding und von hier aus kaum mehr
zu beantworten

drei auf jeder Seite welche später verschwinden

die Vorderfüße entwickeln sie früher als die Hinterfüße die Zehen nur nach und nach bringen
einige lebendige Zungen zur Welt und was ich mir da angelacht hatte verbitte ich mir nun wieder wenn ich sage
nein *Jungen* Zwillinge Angebote Worte wie Waisen Wasserpflanzen willfährig

und generisch wie Kiesel verbiete
ich mir wenn ich sage das Darknet die NSA die Jünglinge sind high und mit mir und
zärtlich die Augen der Anderen haben nichts verstanden und nichts erwähnt

Fledermäuse durchschweifen einen Himmel
der mit sternengleichen Diamanten besetzt ist wie ich sage, patzig

die Astern eine Hundertschaft dunkler Plotter Spott der Freundinnen werde ihnen nie
gerecht bemächtigen sich jeder Liebe

und ich habe auch gar kein Geld dabei

alle fandens schad was mich anlangt und in der Tat nicht nachvollziehbar wenn drei auf jeder Seite
verschwinden
und hier war wohl der Wollschlaf ausgebrochen

aber ich hatte zu dieser Zeit viele Albträume und einen verstreuten Hund

ein festlicheres Kleid habe ich nicht
gefunden

wenn man dann aber
in die Farne geht
sich in die Finger sticht
punktet tunkt und zusieht zu sich
sind wir dann schon da?
oder wenn ich gar nie mehr
zurückkehrte –

du hingst ja live in meinem Haar und wolltest immer was

sich nobel nicht verleugnen lässt umschlungener bezeugen

obschon es nur aus
religiösem vermischten Schwänzen und wahrscheinlicher
Wahn Leibhaftigkeit

bestand kaum Klarheit aus Unbändigkeit versprach im Abendschein
sich fortan reihum zu zerreiben nein?

alle hier weigern sich wirklich zu lieben

so namentlich bei den Schlangen

das Labyrinth fehlt hier vollständig und was sonst noch
zum Tod führt gehen sie saftig schlafen

gehüllt in
Piment und Büttenpapier

die Knie glühten ich schien mir
eine makabre Position zwischen den Überlieferten und einer Parodie dieser Idealgestalten
einzunehmen die sich auf die derbe Sinnlichkeit des Volksgottes berief
aber schuldig blieb
von hier aus
weiter reinzuschlagen in verspielten
Riten

das Unding zu behauchen

ich fror auch dann noch nicht als alles
in die Knie ging
als alles schon hinüber war
vorüber war und drüberhing als
Volkssport

ihr Singsang hing mir lange nach

nun bin ich hin

kein Lied kein Licht das nicht vonstatten ging
ich hingegen verhalten   verheerend
hatte mich so doch wohl kaum vorgestellt von den eigenen Launen und Gesten entstellt sind uns ihre
Lebensweisen
noch gänzlich verborgen

es lässt sich jedoch sagen dass einige ein Erinnerungsvermögen zu
besitzen scheinen wie ein Ozean und in der Lage sind ihre Farben nach dem
Schlage eines Instrumentes zu wechseln –

so ist es am Schreiben mit ihnen einen doppelten Kreislauf zu bilden
der purpur durch die Haut zu schreiten vermag von Naturkundigen unberührt
fehlt es ihnen jedoch an Eleganz   fanden wir den Körper starrsinnig vor Angst
gänzlich das ovale Fenster zur Welt und jegliche Abstufung   außer Rufweite draußen
ihrer Eigenschaften –   auf vorgelagerten
Inseln
Almen
Atemzügen allein

wussten ihn weder ein- noch auszuschlagen

so fehlte diesen Schädelknochen

gänzlich jedes Labyrinth und alle Schlingwerkzeuge im Transkript die Anflugschneisen
Angsteinheiten langsam ansteigenden
Wadenwickel im kristallinen Paradies

hier sprießt die Finsternis kein Wunder dass man lange
zwischen toten Ochsen lag und untenrum zugrunde ging am Nuckelton der Prozession
auf spiegelblanken Kundgebungen sprach
und es nichts auszuweisen gab
im Winkel leise abzuwarten oder nachzugießen über Vorderfüße
und üben alle Todesarten ein Gebet ein über uns und Fließgewässer Kummer schießen lassen Noppen Kräuter
pendeln in den hohen Kronen Quallen Moose Flossen
eine große Ruhe aus und Paranoia

war mir neu und ins Gesicht sich fassen:
ausgelassenes Budget

ein schlichter Strauß aus Kränkungen
Affekten Training und ein Trailer der nie weiterwollte als bis hier und fällt erst jetzt
gibt uns aus Ärmeln Kindheit Kragen passend raus die Leere ins Gewicht die an den Wangen nestelt
und fand mich gähnend (durch eine Luftwirkung hervorgerufen?)
vor dem Timing sitzen vor dem
Abspann nachher lichtleer nicht mehr
schlafen können

nicht mehr glücklich sein

und schlenderte in Pfiffen weiter einwärts dachte nun einfach
entweichen aus Waschzwängen Tiergärten Waagschalen – abgleiten kneifen auslaufen
und wurde recht bald schon im nächtlichen Wald schon bald nicht mehr im All
betrachtet

und in der Borwelt

lebte ein Wassermolch von solch riesenhafter Größe

dass man seine grimmigen Überreste anfangs
für menschliche hielt auf dem
Rücken in sternklarer Nacht
mit den Augen in der Lage
sacht drüberzuführen schien
über unsere Lage Auskunft zu geben
als blödes Staunen
versteinerter Farne silbriger Frösche agil & infarktbedroht
zu gleichen Teilen aus Härte und Leere bestehend die man lange betrachten kann wenn man kein Herz hat
starren sie liederlich und den Worten nicht folgen dass man sich niemals wieder
schlicht & distanzlos verspiegelt eins fassen werde sich nie wieder hinsetzen
dabei unentwegt auf anderes gerichtet schmecken manche metallisch wie Blut oder
hübsch an der Sache geknickt Butterlöffel die man einst aus Kopenhagen bekam aus der
hängen geblieben Schublade nimmt

in Seide zu schlagen
in farnförmig lichternde Nonchalance nicht zu vergessen den Frost
in jedem Fall eingeübt bei sich zu tragen wie ein Fan

abscheinen abschweifen

ausstaunen im All

fettessende Geister

ich bin müd
und mir ist bange
mein langsam eingeworfenes Spektral
das grundsympathisch rübersprühte sank

wo ist schon Trost
in Nylonschnüren Schnee und Scheren
nur meine Python die nonstop
in ihrer Spur versinkt

längs der Schläfen
wo sie wehrlos werden

geht die traberkranke Herde
ranken klamme Abkehrfransen

und der hohe kerzengerade Schlaf
schwenkt in der Takelage und liebt keinen

Ein- und Ausschleichen der Mahner
ohne Elan unter Schweinen

an Adern lang

die Saumsal tragen
fettleibig und mit Geduld gebündelt
aus der Mündelgrube ragen

summt im
Tropf ein Bienenfond suppt
an die Schläfen

so pluckern
süß und lüstern
die Gefühle raus

das Butterblut
das selig krumme

so trägt man Zeichen einer Trance mit sich
deutliche Säure

harrt im Astwerk oberhalb des Atems aus
schwankt in den sternbestrahlten Laken

schaut auf die Tage des irren Interesses
auf Tage des Desinteresses

und unter Lidern

schlüpfrig
runterzählend

grins ins Netz

stolper zähflüssig
durch ausgestülpte
Löcher Nächte
Blicke

es werden schlichte
Schwestern kommen
Kettenbriefe
Wettbüros

es wird Gewalt gereicht
und die Erscheinung eines Toten
erschöpft und viergeflügelt
auf den Küchenfliesen
festgehalten

von deiner Nickhaut
warm und uhrglasartig
überwölbt

Schemen uns ähnlicher Wesen und ihr ungeordnetes Zurückweichen

ich habe gegrüßt und alles hat sich nach den üblichen Gebräuchen abgewickelt

kein Wunsch- oder Mundwinkel der uns nicht unverwandt gewunken hätt
ganz rettungslos vornübergeneigt kams mir vor

Schemen uns ähnlicher Wesen und ihr ungeordnetes Zurückweichen
allabendlich baden sie in namenlosen Bergseen wie es sie hier zu Aberdutzenden gibt
treiben des Morgens in der geklärten Milch unreifer Feigen und anderer minderöliger Leime umher
ich habe gegrüßt und alles hat sich nach den üblichen Gebräuchen abgewickelt

ich habe gegrüßt alles hat sich nach den üblichen Gebräuchen abgewickelt
Schemen uns ähnlicher Wesen und ihr auf uns gerichtetes Flair
kein Wunsch- oder Mundwinkel der nicht schwärmerisch gewunken hätt
ganz rettungslos vornübergebeugt kams mir vor

so strahlte ich und sprach besorgten Bürgerinnen und Befürwortern unaufhaltsam Ausgelassenes unters Auto auf die Mailbox über die unübergehbare Brücke
so wurde der Landschaft eine Tendenz zur Einebnung eigen der wir weder Hohn noch Andacht entgegenbrachten
so hab ich gegrüßt und alles hat sich ganz nach üblichen Gebräuchen abgewickelt

ich habe gegrüßt und alles hat sich ganz nach üblichen Gepflogenheiten abgewickelt
allabendlich treiben sie in der geklärten Milch junger Sprossen unreifer Feigen und anderer minderöliger Leime umher
baden des Morgens in namenlosen Bergseen wie es sie hier zu Aberdutzenden gibt
kein Wunsch- oder Mundwinkel der nicht hingerissen und windig gewesen wäre ganz grundgütig vornübergebeugt kams mir vor
und insgeheim bleiche Verzweigtheit empfunden

Schemen uns ähnlicher Wesen und ihr ungeordnetes Zurückweichen
beiläufig eingeträufelt leichten Löffels
fügten gleich zu Beginn Zuschauer hinzu die lediglich die Funktion haben das Geschehen zu kommentieren auf eine Bedeutung den Blick zu lenken eine andere zu verschleiern ohne dass wir je wissen könnten auf wessen Seite sie stehen

kein Wunsch- oder Mundwinkel der uns nicht unverwandt gewunken hätt so grundgütig vornübergeneigt kams mir vor
und insgesamt weiche Verzweigtheit empfunden
Schemen uns ähnlicher Wesen und ihre gezupfte Glut
ich habe mich auf sie gelegt und alles war gut
das Labyrinth fehlt hier vollständig und was sonst noch zum Tod führt gehen sie fügsam schlafen gehüllt in Garagen und Knabengesang
kein Wunsch- oder Mundwinkel der nicht hingerissen und windig gewesen wäre ganz unheilbar vornübergeneigt kams uns vor

so wurde die Geltung der Grenzen durch Schläge und Wellen verlängert apnoe zu tauchen gelernt und auch das süßliche Treiben im Teer
Schemen uns ähnlicher Wesen und ihr leergepicheltes Brauchtum
so wurde dem Landstrich eine Tendenz zur Einebnung eigen der wir weder Hohn noch Aberglauben entgegenbrachten weder Abscheu noch Reformvorschläge

Schemen uns ähnlicher Wesen und ihr gestrecktes Pläsier
kam im andern Teil der Stadt zu mir
so strahlte ich und sprach besorgten Bürgerinnen und Befürwortern außerordentlich Ausgelassenes unters Auto auf die Mailbox über die unübergehbare Brücke bewegte mich frisch und rhythmisch in den Ruinen

Schemen uns ähnlicher Wesen und ihr tagelanger Blick
ihr Mund- und Mienenspiel das wie ein Rumpfkanu vorübertreibt
ich habe genickt und alles hat sich ganz nach üblichen Gepflogenheiten abgewickelt

aber da wird der Mensch in seiner Reise über die Oberfläche der Erde durch Flüsse aufgehalten
als er dann rieseln wollte durch Wüsten war es immer noch ein gutes Stück am glitzernden Tropf floss ihm schon die Kosmik in den Knochen rückwärts

Schemen uns ähnlicher Wesen und ihr tagelanger Blick
mein Mund- und Mienenspiel das wie ein Rumpfkanu ans Ufer treibt das Farn und Kraut verwirrt
ein nasser Samtanzug dazu luzide sorbische Lieder

kein Wunsch- oder Mundwinkel der nicht hingerissen und windig gewesen wäre
ganz unheilbar vornübergeneigt kams uns vor

eine seligere Dosis könnte diesen Wahn durchbrechen wie Sie sehen sehen wir hier
lauter Türen durch die jemand hätte gehen können
kaum ein Ort der das besser verdeutlicht als ein Ort mit geschlossener Tür
das Labyrinth fehlt hier vollständig und was sonst noch zum Tod führt gehen sie fügsam
schlafen gehüllt in Garagen und Knabengesang
und bleiche Verzweigtheit insgeheim
beiläufig eingeträufelt leichten Löffels

Schemen uns ähnlicher Wesen und ihre gezupfte Glut
ich habe mich auf sie gelegt und alles war gut (und alles hat sich ganz nach üblichen
Gebräuchen abgewickelt)

Schemen uns ähnlicher Wesen und ihr gestrecktes Pläsier
hat je wer in Jägersprache in etwa wie ein weicher Traum tropft elegisch geredet zu mir
beiläufig eingeträufelt leichten Löffels

da aber wird der Mensch in seiner Reise über die Oberfläche der Erde durch Flüsse
aufgehalten
als er dann rieseln wollte durch Wüsten war es immer noch ein gutes Stück am
glitzernden Tropf floss ihm schon die Kosmik in den Knochen rückwärts dürfen wir
wenigstens dessen gewahr werden dass derjenige an so unheilbarer Verkehrtheit
oder Düsterheit des Temperaments litt dass dieselbe alle Lust vergiftete und ihn
ebenso elend machte als wenn er mit dem schwersten Missgeschick beladen
gewesen wäre

wahrer Segen eine seligere Dosis könnte diesen Wahn durchbrechen wie sie sehen
sehen wir hier lauter Türen durch die jemand hätte gehen können wie ein zu früh
gefreutes von früheren Rufen und Hufen gelockertes Interieur
so wurde dem Landstrich eine Tendenz zur Einebnung eigen der man weder Trotz noch
Sachkenntnis entgegenbrachte weder Andacht noch Reformvorschläge

Schemen uns ähnlicher Wesen und ihre streuende Leutseligkeit
kaum ein Ort der das besser verdeutlicht als ein Ort mit geschlossener Tür
fügten gleich zu Beginn Zuschauer hinzu die lediglich die Funktion haben das
Geschehen zu kommentieren auf eine Bedeutung den Blick zu lenken eine andere zu
verunklaren ohne dass wir je wissen könnten auf wessen Seite sie stehen

Jauchzergruppen

eine kleine Anzahl aber besitzt eine Luftblase welche am Paradies anliegt und sich nach Belieben füllen kann von innen her bläulich leise wummernd ist die Seele hier evtl. gelber Farn

Körperbeherrschung

Während der Musik zu *Preziosa* war meine unsterbliche Seele durch die Hitze, die dort herrschte, oder durch eine Brezel, die ich vor dem Anfang des Konzertes gegessen, gelähmt, und ich schlief fast die ganze Zeit.

Eugène Delacroix, *Tagebuch*

das erste Bein

ist gottverlassen, Endzeitachse

mein vorletztes steht wässrig wie ein äh zum ersten
eine selbstgedrehte und mit Rieselsalz gestreckte Extremität

jedes sechste Bein gerät in Wählscheiben Vergessenheit und Räderwerke

mein zweites treibt in wolkiger Ballonseide dahin
dreht Kreise auf leeren Parkdecks unter der Abendsonne über der Stadt
in tropischen Nächten schwebt es mir vor
will es mich treten

die Beine fünf und vier liegen wüst und friedlich wie gepresste Citrusfrüchte in Frittierfett untröstliche
restless legs im Traum: fragiler Stechschritt eisernes Herumgeeiere

ich habe einstudiert eine *Absence* in einem dieser Beine ich spüre meine üs nicht mehr

natürlich ist das siebte Bein von liebreizender Erscheinung es sprintet nicht schmiegt sich im Liegen an
neigt zum Desaster

kleiner-3-Bein an Spritbein Spreubein Sprühbein Sprudelbein Sperrbein Clipbein Kleinbein Keilbein
Kreischbein Klarbein Knallbein Schaltbein Seitbein Spaltbein Sandbein Solebein Kleiebein Breibein
Bleibein Beibein Kruppbein Spulbein Butterbein Poolbein Pulbein Häwelbein Nieselbein Kreiselbein
Treidelbein Rundbein Rondellbein Wendelbein Stundenspäterbein Munterweiterbein –
wird ignoriert

so sind alle meine Beine nicht zu viert

so sind nun alle meine Beine bös obszön und albern dabei aber übellaunig schön wie tausend ös im
ozeanischen Verlauf: in dillgrün-indigo-spektral sind alle meine Beine schimmernde Treibalgen aus dieser Welt
gefallene Tentakel einer weichen digitalen Karte bläulich funkelnder Adern

in einem andern All sind alle meine Beine selber üs wie süße µs gekühlte Schenkel in Spektakelfarbe

eins meiner Beine ist ein unendlich absurdes u: ein immer zu kurz gekommener Kummer

ein anderes: geht krumm in Zeitlupe umher an mir vorüber

auch hier werden x und ü mit widersprüchlicher Erwartung konfrontiert und so rasiert man eifrig nur noch ein
Bein Bein zwei bleibt wie es gerade meint leger über das andere geschlagen über das eine das andere über das
eine

sagt einer *Beine gehen immer* wippen manche manche schweigen

Jauchzergruppen

freies Geleit

Als ich auf der Landstraße nach Marseille spazierenging, hatte ich die Ehre, von Madame de Taxis getroffen zu werden. Ich habe sie gegrüßt, und alles hat sich nach den üblichen Gebräuchen abgewickelt.

Paul Cézanne, *Briefe*

verwackelte Landschaft

mit Elias und der Witwe von Zarpat

sich dazulegen Eden verringern einander verdunkeln

sah gut aus trug ein Amazonenkleid blutig auf blauem Tuch

viele Zähne dienen nur zum Festhalten
der Beute in Sänften welken Zettelkästen wie alte Welwitschie und Sandstürme deren
Ergebnisse ungewiss sind

solang ich sie betrachte ich betrachte sie lang

und das ist der Hohn

für den Körper der reinste Horror

am Gaumen eine doppelte Reihe zerbeißen eine knorplige Schuppe *ich habe*
seit Jahren kein Wort mehr verstanden
grenze an
Festzelte an kläglich aber gepflegt
Heilquellen Rundreisen Waldstücke sitz ich in scheußlichen Klitschen *ich bin*
Wasserfälle Vorteilswelten heiligen Ernst schicke ich dir *ein Spitzenökonom Bayreuther Prägung*
festlichere Kleider ich reise als Horde halbverwester Geister über den Flur
habe ich nicht gefunden

und oft
sind es auch die
kataraktischen Burschenschaften

die mir den Schlaf
weil sie so hell sind fein
und feil weil sie so flink sie so sind nicht recht von der
Hand ausgebrochener
Singsang

und als ich etwas ausgerastet weiterging
hing in mir kaum mehr eine scheele Träne

hier schwammen die Wunden und wie-Wörter
dass es eine Zier war

und dein Haar trieb glücklich dazwischen
gehüllt in Panier und Knabengesang

und als ich ankam: samtene Lippen

so namentlich bei den Ozeanen das Labyrinth fehlte
vollständig und was sonst noch zum Tod führt aus eigenem Antrieb hat hier niemand
zu heulen begonnen

perse und ōchron: uralte panische Farben
flogen uns zu
ohne durch Aktualisierung je mal Verwandlung erlitten zu haben

und fährt wer
zu schnell in die nächste Gebärde kehrt er zurück mit schlechter Frisur kommt in schlechter sitzende
Hemden heim *was soll ich sagen* mein Oberleib ragt grausam und lose

aus alten
Kesselschmieden
empor

was soll ich dir
bieten über dem Auge die Anreiche endlos
beschrifteter Tiegel

und steh ich vor dir
in der Morgensonne
mit fremder Geschwindigkeit
ziehen sich tausend Muränen
zurück

komm ich mir rettungslos
vornübergebeugt vor

in diesem lieblichen Bilde stehn wir sympathisch seit
Jahren ohne Erwartung entnimmt man dem Anderen alles was rangezoomt nagt (ja auch Sie haben im
Sitzen ein Leck und ein trauriges Antlitz!
im Fluge jedoch durchschwimmen
Sie die Luft mit sanftem gravitätischem Schlag)

Jauchzergruppen

Sektionen der Seligkeit

Bei Bildwerken mit bewegten Einzelgliedmaßen bleibt der Rumpf stets unbewegt. [...] durch Wunden allerdings kann er als in einen Handlungsablauf einbezogen dargestellt werden.

André Leroi-Gourhan, *Höhlenkunst in Frankreich*

ich hause breitbeinig in einem
schwarzen Stachel wie der Herzog von Alba

in seinem blauen Himmel

als Kind schon vom Halse herab
goldene Schocks gegossen bekommen haben Chemtrails Strähnchen durch ein
Blech geflochten die Arme die Segel die Rüstung die Stürme

parallel zur Küste

ohne dieser
ansichtig zu werden

über Stickel das Gesicht verteilt

an Kordeln weiterhangeln *an Wangen mangelts ja an*
Gnade ganz

an Waden Bronze runterschmelzen lassen an die Brust
sich fassen: ausgelassenes Budget

„viele filigrane Kelche" ein Bouquet
aus Hungerzweigen
Affekten Training und ein Schisser der nie weiterwollte als bis hier
gibt uns aus Kragen Kindheit Kränkung passend raus

und fand mich glänzend
ohne Zögern

zu Tizians Porträt des Don Fernando Álvarez de Toledo

so fand ich dich heiter umwickelt
allein mit einem Teilaspekt im Arm und speicherte
die Abfahrtszeiten aller Arten dieser Erde ab
in Eigenregie ist dies mein Herz nun also so beschaffen
dass es bei Kontraktion nur einen Theil des Bluts das es zurückerhält durch alle Lungen treibt der übrige
Theil dagegen stracks durch die Aorta geht
ohne durch die Lungen gegangen zu sein noch was die Hackordnung angeht
ohne also durch das Atmen eine besteht allerdings Grund zu der Annahme dass es
Veränderung erlitten zu haben noch etwas anderes gibt
als das All weil mitunter der Himmel darüber
in Blitzen wie Hagen von Tronje entnervt etwas beiläufig blutrünstig
ruckartig sich zurückzuziehen weiß

Stressreaktion
bis vorhin noch hatte man kaum was gegessen
Schellen an den Händen Vorhaut Waldrand geschätztes Bonmot

jetzt die korrigierten
Stellungen
meine (durchaus dir geltende) keltische
Neigung
Reinemachen im Kleinen ein
geheimer Kult

so dass auch alle Dattelpalmen

in frühem religiösem Wahn
wie geschnitten Pink
auf die Parkplätze schlagen

vor chromorangenem
Verlauf stramm ankommen
und vollkommen sind

schwarz scheinen

als könnt ich mich dadurch nun viel besser aufhalten und mit dem Messer anfassen
obwohl der Text nur aus Längen bestand und ins Abendlicht ragenden Plagen –

und kaum Anschein gab kein Alleinsein das uns nicht
allseits abhanden sinnlos gegängelt portabel und pochend gewesen wäre der Saft ihrer Haut roch wie
angezündetes Schießpulver restlos fotogen nur sich selbst zugeneigt: eine Seufzergruppe

aus deren Mitte kaum je mal ein Viech in voller Länge plastisch
hinabsteigen und taufrisch ausgeschlagen hätte mit dem Huf ins Gesicht *es schnellte*
einmal durch den ganzen Staub dahin

so dass es nach allen Seiten Frohsinn spritzte

& aussah

Jauchzergruppen

erster Reigen

im Herbst rauchig, bedroht
im Winter rot
die Hinterbacken weiß
das Herz bullig, doch ziellos
kein Wald, jedoch
eine endlose Luftaufnahme
von Wäldern

im Frühjahr klettern wir auf raue sonnenwarme Wände

flöten am Felsband
vergeben diverse Risse verbergen uns
in ihren Schlieren

entströmt meinem Kopf
wenn man ihn öffnet ein ohrenbetäubender
Lärm

dann kamen die Ereignisse sie blieben uns fremd

mehr oder minder enthauptende Reiter die Schultern stumpf die Eltern maliziös in die
Welt gebogen kommen sie aus der Kurve geschnellt ihr Flug eine ernste Sache

zumal, sie können sich zu apathischen Höhen schrauben
von wo sie herunternölen oft recht schauerlich über die Nacht gebeugt

rauben sie doch mehrentlich kletterndes Thier beißen ihm und mir apart in die
Waden wie diffuse Lover ruhelos und wühlen den Schlamm auf

daher hält man sie besser als Wetteranzeiger
in engen Gefäßen mit Sand

im Sommer rast der Atem flach über die Erde dahin

Bart aus Pflanzen Ausbrandphasen pausenloser
Mund ich fluse unaufhörlich

ich reise

als Horde halbverwester Geister über den Flur

und hier würd ich pauschal mal niederknien
einknicken absinken grübeln und sterben
hier würde ich Abschied nehmen aufgebahrt in den leuchtenden Kissen liegen
und dann einfach weiterhin
wohnen leben aufs Geratewohl –

glaubte aufzufliegen im Herbst

und fand doch meist eingetrübt am Boden statt am Ufer
voll des Lobes in der Jägersprache Zwietracht
Zwetschgen Zweierreihen süßen Weines lud man ein und haben alle meine Teile nur den
eignen
Stil gepflegt auch
Andere um Finger
wickeln in den Mund einlassen nein?

also saisonal
nur Geberrede
Teilbetrieb

nichts Essbares
auch Gott
trägt eine Gräte in der Mitte

schwimmt
in Glas

im Winter

retrograd immer die Klamm vor Augen im
Loop durch
gestufter Bob

linksseitig Ruh

und unterm Arm alles schäbig und schwabbelig andächtig hissen
haben und jammerschad abfallend atmen, wie du und vom Schopfe herab
abfällig Schindeln und Raureif tragen

argwöhnisch borkig

und auch an den Schultern hinunter
keinen Schimmer haben wie
Schuppen durch Lupen und Lochstrick gepfiffen
zum Fluss

und immer so weiter so dass sich der Grenzzaun
ohne Unterlass und unser Zutun wie von selbst um alles andere und
in die Wege leite

zur Lok vorstolpern dort ruhelos rumstehn und maximal
gut geriffelt klicken
und immer so weiter wickeln

ruppig zerfahren verzuckt
immer so weiter fackeln

und gesund undund geht man zugrunde

und rauchend und schruppwasserschluckend nun also am Tau entlang denken:

sich jetzt auf keinen Fall ängstigen und längsseitig

unterwandern lassen

sich jetzt auf keinen Fall ängstigen und längsseitig
dämmern *unbewusst werden*

und rübenhaft bleich (leicht anfärbbar immer gleich
weinend)

zugegen sein

sich zurecht machen lassen
vom Schnee

und auf der Rückfahrt schrill drüberfahrend
anfechtbar
eisig allseitig

in den Séparées irren

dabei abseits der Beine und Brüste

heimlich einen Mangel illegal einen Bammel

am langen Arm mit sich führen

in einen Bann geraten

von jetzt an also nur noch
im Bademantel vor die Tür und hochgradig haltlos
böse Blicke und Sprechblasen mit Schinken und Ei in die scheidende schneiende Landschaft einfallen
Pecorino und Speck Weichkäse Honigwein Dickmilch winken schreien allerseits
und Marshmallows füllen beißen

Freuden kurzer Dauer

Ein Mobile – das ist ein kleines, örtlich begrenztes Fest,
ein nur durch seine Bewegung bestimmter Gegenstand [...]

Jean-Paul Sartre, *Die Suche nach dem Absoluten*

ein unvermittelter Habicht
der wegen einer kurzen Spiegelung im Glas
in die Vitrine geschossen kommt
zerzaust, gestresst

und hatt ich mit Räumen

und Wahrnehmung

überhaupt noch zu tun

fand mich

nirgends

in den Parkanlagen

wieder

in den

Parkanlagen liegend und

strahlend speicherte

wartete

mit sträubenden

säuselnden Details allein

die Abfahrtszeiten

aller Arten dieser Erde ab

in Eigenregie

ist dies mein Herz nun

also so beschaffen

dass es bei Kontraktion

nur einen Theil des Bluts das es zurückerhält durch alle Lungen treibt

der übrige Theil dagegen stracks durch die Aorta geht was aber die Hackordnung angeht

ohne durch die Lungen gegangen zu sein besteht nun wohl Grund zu der Annahme dass es

ohne also durch das Atmen eine doch noch was anderes gibt als das All

Verwandlung erlitten zu haben weil mitunter der Himmel darüber

in Blitzen wie Hagen von Tronje entnervt etwas beiläufig blutrünstig

ruckartig sich zurückzuziehen weiß

und hab ich mit

Räumen und Wahrnehmung
überhaupt noch zu tun

bin nicht ganz richtig
mit Chiffren und kriege Gesichter nicht hin
verbrachte
die Tage

vor offenen unruhigen
Fenstern

ging als verklemmter Slapstick
sang- und klanglos inmitten von Schemen
ins Tableau vivant verkappter Vitalisten ein mir ähnlicher Wesen und ihrer

auf mich gerichteten

strammen
Klarheit
Stunden
Oasen

eine kleine Schar aber
erbt eine Luftblase
welche am Paradies anliegt und sich nach Belieben
füllen kann von innen her bläulich leise wummernd flanierten hier Wunden und wie-Wörter
ist die Seele hier evtl. dass es eine Zier war gingen die Leute
gelber Farn in ihrer Kleidung bald hierhin bald dorthin
unter dem

was von oben herabhing
umher

es steigen edle Uhren auf

Amphibien und Liebespillen
und schweben in der süßen Luft
das Grelle der Verknöcherung zu mildern
vor lauter Bestreben und Zuverstehengeben man hätte das
abzusingen einzustimmen auf ein bisher noch
alles auch langsam erleiden /
unbekanntes Kolorit
was Anderes anmachen / einklagen /
ihr Ticken hing (relativ depressiv)
abschmeicheln / evtl. *selbst*
von oben aus der Dämmerung
entfachen können
herab

aber man will es ja gar nicht
erst einfordern müssen sondern *auf freiwilliger Basis liebevoll eingeflößt bekommen*

zu Recht

immerhin
es gibt hier einen Mann
der in Kordeln geschnürt von der Decke hängt
und wir lieben ihn beide
er hat schöne Hände in seinem Mund ein orangen-crèmefarbenes Tuch von Hermès
und alle sind aufgedreht heiter fächeln ihm Luft zu entfachen hier und da ein paar
Freudenfeuerchen ihm zu Ehren auf dem Parkett
streichen in haiartig seidenen Kreisen
unter ihm her

Jauchzergruppen

zweiter Reigen

es wurde Frühling und ich ging
auf der Via Porta Rossa
in Fäulnis über ohne Zögern
die Zunge vorgespult
der Schädel eingedrückt
die Augen reichlich abgedreht
kleine mit Fett gefüllte Steinlampen
die Arme Dochte
aus Wacholderzweigen

im Sommer letzte Weisungen von Cybergeistern

Skelette uns ähnlicher Wesen
und ihre auf uns

gekommenen gerichtete Veterinärmedizin
Klarträume

erstaunten uns kursierten als obskure Nachricht über
Frauenkörper
Knochenschäden

Stilgeschichte
Menstruieren

die Aktualisierung dieser Tiere trieb allerorts
Organe aus

aus den Büschen brach hervor: der Blätterteig perverses Rascheln Pferdeherden

die Träume butterten und saßen fest im

Nackenfell

paganen Kutschen

Matchabürstchen

flatterhaftes
warmes Gras

seit Jahresanfang sanguinisches Liegen

am Herbstrand wuchs langsam
und bucklig

ein russischer Bilderbogen
aus dem 19. Jahrhundert empor

türmte sich über
den nebligen Wiesen wie Glasnudeln wurden all meine Nichten
nacheinander bewusstlos am späten Nachmittag in einen launigen lyrischen
Mystizismus reingezogen kehren alle

Mails an sie
an uns zurück

im Herbst
nimmt man ein
irres Invasivlicht auf und spricht in Wellen

die Augen trällern

tellergroß nach Außenvor
das Herz beschaffen wie das Haar

in das man seine Taler wirft
wie es die Hälse wollen

das Herz beschäftigt wie das Haar
das Haar wie eine Schnelle
in die man seine Trainer hält

das Haar wie eine
Stromschnelle in die man seine Eltern
taucht sein Nackenfell und alle Handgelenke auch *sie sind evtl. sekundenlang* dreht man
die Stunden um
die Runde um den Dorfbrunnen und durch
die Käffer

und kläfft im Kreis und füttert Minz und tritt dann
Maunz voll in die Seite

und tritt in das Laternenlicht
und lacht entlang der Kegelbahn
vor einem Flittervorhang
an einem Felsvorsprung
vor einer Holzvertäfelung
in der ergrauten Sternennacht
unter der Diskokugel die sich dreht
vor einer Wimpelwand
vor einem Filterkaffee
verkohltem Spiegelei frittierten
Zwiebelringen verschmockten
Wandabzeichen vor einem
Wasserfall vor einer
Regenfront

und lag so lange wach im Herbst alle fandens schad

gab das Gesicht

nach Norden weiter

an Kordeln weiter

rollige Trauben

alle fandens schad

im Winter kam das große Leuchten

auf der vielbefahrenen Straße oberhalb der Steilküste von W
verzichteten sie ansonsten ganz auf weist die Seele eine kläglich selbstbezügliche Struktur auf
himmlische Erscheinungen oder verliehen ihrem Licht sie bildet ein Schild ohne Gräten (ich
die irdische Schwere und Sterblichkeit scherze)
eines mehrbäuchigen Mannes
müde und kühl in den Kiefernwipfeln (der Wald und ich neigten
uns einmütig teilten wir denselben Winkel)

so dass jene Paare gar nichts mehr tun müssen und ausdrücken als ineinander
verliebt zu sein also sich zueinander hinzuneigen und recht verliebt einander anzusehen
recht verliebt *dreinzublicken* so dass es einem folgt in die Härchen zieht man es
nie wieder abstreifen kann

Jauchzergruppen

Früchte der Vorsehung

als ob Apostellöffel zögernd fragend auf flambierte Zuckerhauben schlagen

seit Anbruch des Tages schon
konzentrierte Arbeit an einer
Theorie des Zerwürfnisses als Prinzip der Freundschaft *ich werde ihr ein kleines hartes reudiges Phantom*
nachwerfen dachte man bei sich
das im nächsten Wetterleuchten
seriell ploppt und überläuft
wie ein zu früh gefreutes und gestreutes Interieur
erwacht mit dem unguten Gefühl die Haut (verwanzt löchrig mit hell pomeranzgelben
in der letzten Nacht eine rastlose mutmaßlich offenkundige Flecken) und was sonst noch
Person gewesen zu sein Filme Serien zum Tod führt schicke ich dir festlichere Kleider
alle in okkultes Blau getaucht habe ich nicht gefunden
zogen wie ein zäher Strom vorbei –

alle fandens schad

und schauten traurig

über den Mantegna-Rand zu mir herab

der Ehrgeiz das Urpferd die Drogenpsychose
die speckigen Putten und der schöne runde Pfau

die Flachwichser aus der Schulzeit
streuten freundliche Tiergesichter und niemand fand die Kraft auch ihr Grinsen zu
auf der Beerdigung und blieben entfernen für immer
bliblisch hinter vorgehaltener
Hand

die halbtoten Hühner die kurze Zeit später
durch ein Labyrinth zu rasen begannen das in dem Maße schrumpfte wie es sich
nach innen weiterverzweigte und die wirklichen Tiere
die aus dem Wolkenbruch zu mir herunterbrüllten des Nachts

und die es gut gemeint haben
werden mit mir

Admiralsstellung: *eine steht stramm*
eine schrubbt das Deck

eine steht beglückt
eine ist an allen Wänden ein Seestück voneinander entfernt
fällig gefächert entlehnt
zertreten ein zeterndes Repoussoir
systemisch fotogen
nur sich selbst zugetan küssen sie die lackierten Jungen um zu zeigen
dass sie noch am Leben waren einer harten Dame ausgeliefert der ich ratlos die Hände die Kniekehlen ihr
Arschloch und die korallenfarbene linke Brustwarze leckte *und zum ersten Mal befürchteten wir dass diese*
unsichtbare chimärische Macht der wir dienten und hinter der wir Schutz suchten nur aus
menschlichen Schwächen gebildet war

so hat mich das Erlebnis

ganz im Ungewissen liegen lassen
später dann im Schlaf bedrängt

und über Hügel schwarzes Rad geduckt
bleibt Gott den Sommer über neutral

lacht in die Spitztüte
macht sich ein Clubsandwich

spuckt in den Napf rafft
mit affektierter Langsamkeit seine Schleppe auf

geht im Herbst über die Vernunft in den Garten hinaus

alle Hunde folgten ihm

Palmen

am Rand und am Ende von Anlagen

haben im Anschluss alle bewusstlos Gefallen gefunden
die Inbrunst bei sich getragen wie Fans
die Hände fallen fächerförmig, aufgesattelt

Schemen uns ähnlicher Wesen leisten uns Abhilfe helfen uns ab
und haben im Anschluss alle bewusstlos Gefallen gefunden
ein zum Unglück geeignetes Gleiten

ein ungezügelter Glanz ging von ihnen aus
der alle barmherzig in Stimmung versetzte
und haben im Anschluss alle bewusstlos Gefallen gefunden
n eng verschnallten Reithalftern ein zum Unglück geeignetes Gleiten

n den Meeren jedoch und auch in meiner Brust findet die Meinung Verbreitung
dass es noch etwas anderes gibt als das All
auch schien ein Diktat aus schlechter Distanz nach Jubel heischend ums Ufer zu streifen
und haben im Anschluss alle bewusstlos Gefallen gefunden

ein ungezügelter Glanz ging von ihnen aus der alle barmherzig in Stimmung versetzte
Schemen uns ähnlicher Wesen und ihre auf uns gerichteten Stunden
n eng verschnallten Reithalftern ein zum Unglück geeignetes Gleiten

n den Meeren jedoch und auch in meiner Brust findet die Meinung Verbreitung dass es
noch anderes gibt als das All
weil sich mitunter der Himmel darüber in Blitzen wie Hagen von Tronje beiläufig
blutrünstig zurückzuziehen weiß
auch schien ein Diktat aus schlechter Distanz nach Jubel heischend ums Ufer zu schleifen
nach Ordnung zu rufen
und haben im Anschluss alle bewusstlos Gefallen gefunden

m Frühling erwacht mit dem dumpfen Gefühl in der vorletzten Nacht verstorben zu sein
Schemen uns ähnlicher Wesen und ihre auf uns gerichtete dümpelnde Gunst
der Abend sickerte in die Karaffenstadt leise krachend sackte sie in sich zusammen

und haben im Anschluss alle bewusstlos Gefallen gefunden
zum Unglück geeignetes Gleiten
auch schienen geheime Maximen zu greifen apathische Farbpracht ums Ufer zu schleifen zur Ordnung zu rufen
die Inbrunst Nacht für Nacht eingeübt bei sich zu tragen wie Fans
über Ausgusstüllen von einem zum andern gereichte Entkräftung

das Tal erstreckte sich in flachen Farben urplötzlich uns die Seele weitend
im Frühling erwacht mit dem dumpfen Gefühl in der vorletzten Nacht verstorben zu sein
Schemen uns ähnlicher Wesen und ihr auf uns gekommener Klartraum

ein jadegrüner Schimmer ging von ihnen aus der alle hochgradig in Stimmung versetzte
auch schienen geheime Maximen zu greifen ein grelles Benimmwerk nach Jubel heischend ans Ufer zu treiben zur Ordnung zu rufen
und haben alle im Anschluss bewusstlos Gefallen gefunden

in den Meeren jedoch und auch in meiner Brust findet die Meinung Verbreitung dass es noch etwas anderes gibt als das All
Schemen uns ähnlicher Wesen und ihre gewetzte Erwartung
im Frühling erwacht mit dem dumpfen Gefühl in der vorletzten Nacht verstorben zu sein

im Frühling erwacht mit dem dumpfen Gefühl in der vorletzten Nacht verstorben zu sein
vom Steg hintenüber in den Weiher gefallen durch Wasserpflanzen wochenlang langsam nach unten gesunken
die Inbrunst bei Tag und Nacht eingeübt bei sich getragen wie Fans

in den Meeren jedoch und auch in meiner Brust findet die Meinung Verbreitung dass es anderes geben wird als das All weil mitunter der Himmel darüber in Blitzen wie Hagen von Tronje entnervt etwas beiläufig blutrünstig ruckartig sich zurückzuziehen weiß
so würde bald wohlfeil und schneidig die Schwäche vom Vorteil zur Wehr der Torheit werden
so haben alle auf Anhieb bewusstlos Gefallen gefunden
in eng verschnallten Reithalftern zum Unglück geeignetes Gleiten

unterhalb der Poolabdeckung trieb das Tal urplötzlich uns die Seele weitend
Schemen uns ähnlicher Wesen und ihr auf uns gerichteter Stummfilm
der Regen füllte die Karaffenstadt leise krachend sackte sie im Abendlicht in sich zusammen

in den Meeren jedoch und auch in meiner Brust findet die Meinung Verbreitung dass es
anderes gibt als das All weil mitunter der Himmel darüber in Blitzen wie Hagen von
Tronje entnervt etwas beiläufig blutrünstig ruckartig sich zurückzuziehen weiß
Schemen uns ähnlicher Wesen leisteten Abhilfe halfen uns ab
auch schienen geheime Regeln zu greifen ein grelles Benimmwerk nach Jubel
heischend ans Ufer zu treiben nach Ordnung zu rufen

der Regen füllte die Karaffenstadt leise krachend sackte sie im Abendrot in sich
zusammen
über Ausgusstüllen von einem zum andern gereichte Entkräftung
Schemen uns ähnlicher Wesen und ihre auf uns gerichtete tosende Klarheit

hintüber von der Klippe ins Meer gefallen an Wasserpflanzen wochenlang langsam
nach unten gehangelt
auch schien eine Querfront aus Sphären nach Jubel heischend ums Ufer zu streifen zur
Ordnung zu rufen
in den Meeren jedoch und auch in meiner Brust findet die Meinung Verbreitung dass es
anderes gibt als das All weil mitunter der Himmel darüber in Blitzen wie Hagen von
Tronje beiläufig blutrünstig ruckartig sich zurückzuziehen weiß

das Tal erstreckte sich in flachen Farben urplötzlich uns die Seele weitend
der Abend sickerte in die Karaffenstadt leise krachend sackte sie in sich zusammen
die Hände fächerförmig, aufgesteckt

das Tal verschwand in flachen Farben urplötzlich uns die Seele weitend
und haben im Anschluss alle bewusstlos Gefallen gefunden
in eng veschnallten Reithalftern ein zum Unglück geeignetes Gleiten

Schemen uns ähnlicher Wesen und ihre auf uns gehetzte Distanz
in den Meeren jedoch und auch in meiner Brust findet die Meinung Verbreitung dass es
anderes gibt als das All
ein unbändiges Glänzen ging von ihnen aus das alle erstklassig in Stimmung versetzte

im Frühling erwacht mit dem dumpfen Gefühl in der vorletzten Nacht verstorben zu sein
hintüber vom Steg in den See gefallen durch Wasserpflanzen wochenlang langsam
nach unten gesunken
die Inbrunst bei Tag und Nacht eingeübt bei sich getragen wie Fans

Charlotte Warsen wurde 1984 in Recklinghausen geboren und lebt in Berlin.

Verlag und Autorin danken der GWK – Gesellschaft zur Förderung der Westfälischen Kulturarbeit e.V.

Die Autorin dankt dem Berliner Senat und der Stiftung Preußische Seehandlung für jeweils ein Arbeitsstipendium sowie dem Land Brandenburg für zwei Sommermonate in Schloss Wiepersdorf.

Die Texte auf den Seiten 76 und 77 sind anlässlich einer gemeinsamen Ausstellung (*War im Park / Krieg im Park*, 2017 in der Berliner Lettrétage) zu Fotografien von Yevgenia Belorusets entstanden.

Quellen

Maria Bashkirtseff, *Tagebuch der Maria Bashkirtseff*, Frankfurt/M, Berlin, Wien, Ullstein 1983, S. 97.
Louise Michel, *Memoiren*, Fulda, Verlag Frauenpolitik 1979, S. 246.
Eugène Delacroix, *Mein Tagebuch*, Zürich, Diogenes 1993, S. 144.
Paul Cézanne, *Briefe*, [Brief an Louis Aurenche vom 10. März 1902], Zürich, Diogenes 2002, S. 266.
André Leroi-Gourhan, *Höhlenkunst in Frankreich*, Bergisch-Gladbach, Gustav Lübbe 1981, S. 41.
Jean-Paul Sartre, *Die Suche nach dem Absoluten*, Hamburg, Rowohlt 1999, 59-62, S. 59.

978-3-937445- **KOOKBOOKS REIHE LYRIK**

00-7 Daniel Falb **die räumung dieser parks**
03-8 Steffen Popp **Wie Alpen**
04-5 Ron Winkler **vereinzelt Passanten**
14-4 Gerhard Falkner **Gegensprechstadt – ground zero** + CD Music by David Moss
16-8 Uljana Wolf **kochanie ich habe brot gekauft**
18-2 Hendrik Jackson **Dunkelströme**
22-9 Tom Schulz **Vergeuden, den Tag**
23-6 Monika Rinck **zum fernbleiben der umarmung**
27-4 Christian Schloyer **spiel•ur•meere**
29-8 Sabine Scho **Album**
30-4 Christian Hawkey **Reisen in Ziegengeschwindigkeit**
34-2 Sabine Scho **farben**
35-9 Steffen Popp **Kolonie Zur Sonne**
37-3 Monika Rinck **Helle Verwirrung & Rincks Ding- und Tierleben**
38-0 Uljana Wolf **falsche freunde**
39-7 Daniel Falb **BANCOR**
41-0 Martina Hefter **Nach den Diskotheken**
42-7 Matthea Harvey **Du kennst das auch**
43-4 Alexej Parschtschikow **Erdöl**
44-1 Alexander Gumz **ausrücken mit modellen**
45-8 Mathias Traxler **You're welcome**
46-5 Daniela Seel **ich kann diese stelle nicht wiederfinden**
47-2 Michael Palmer **Gegenschein**
49-6 Monika Rinck **Honigprotokolle**
50-2 Dagmara Kraus **kummerang**
51-9 Gerhard Falkner **Pergamon Poems** + DVD 5 Gedicht-Clips von C. Lieb & F. v. Boehm
52-6 Hendrik Jackson **Im Licht der Prophezeiungen**
53-3 Christian Hawkey / Uljana Wolf **SONNE FROM ORT**
54-0 Steffen Popp **Dickicht mit Reden und Augen**
55-7 Martina Hefter **Vom Gehen und Stehen. Ein Handbuch**
56-4 Tristan Marquardt **das amortisiert sich nicht**
57-1 Uljana Wolf **meine schönste lengevitch**
60-1 Ulf Stolterfoht **neu-jerusalem**
61-8 Katharina Schultens **gorgos portfolio**
62-5 Karla Reimert **Picknick mit schwarzen Bienen**
63-2 Farhad Showghi **In verbrachter Zeit**
65-6 Rike Scheffler **der rest ist resonanz**
66-3 Linus Westheuser **oh schwerkraft**
67-0 Rozalie Hirs **gestammelte werke**
69-4 Sonja vom Brocke **Venice singt**
70-0 Dagmara Kraus **das vogelmot schlich mit geknickter schnute** zweiundzwanzig elfzeiler
71-7 Daniel Falb **CEK**
72-4 Christian Filips / Monika Rinck / Franz Tröger **Lieder für die letzte Runde** CD
73-1 Daniela Seel **was weißt du schon von prärie**
75-5 **mehr als pullover borgen** Anthologie Finnisch–Deutsch
77-9 Martina Hefter **Ungeheuer.** Stücke / Gedichte
78-6 Yevgeniy Breyger **flüchtige monde**
81-6 Birgit Kreipe **SOMA**
80-9 Anja Bayer, Daniela Seel (Hg.) **Lyrik im Anthropozän** Anthologie
82-3 Cia Rinne **zaroum / notes for soloists / l'usage du mot**
83-0 Eugene Ostashevsky **Der Pirat, der von Pi den Wert nicht kennt**
84-7 Steffen Popp **118**
85-4 Mette Moestrup **Stirb, Lüge, stirb**
86-1 Alexander Gumz **barbaren erwarten**
87-8 Farhad Showghi **Wolkenflug spielt Zerreißprobe**
88-5 Katharina Schultens **untoter Schwan**
90-8 Martina Hefter **Es könnte auch schön werden** Gedichte/Sprechtexte
91-5 Hendrik Jackson **Panikraum**
92-2 Susanne Schulte, Daniela Seel (Hg.) **Sibyllen & Propheten Triggerpunkte tom Ring**
93-9 Ulf Stolterfoht **fachsprachen XXXVII – XLV**
94-6 Christiane Heidrich **Spliss**
95-3 Tristan Marquardt **scrollen in tiefsee**
96-0 Monika Rinck **Alle Türen**
97-7 Georg Leß **die Hohlhandmusikalität**
98-4 Daniel Falb **Orchidee und Technofossil**
99-1 Athena Farrokhzad **Bleiweiß**

978-3-948336-

00-4 Charlotte Warsen **Plage**
01-1 Dagmara Kraus **liedvoll, deutschyzno**

Reihe Lyrik Band 68 | 1. Auflage 2019
Gestaltung: Andreas Töpfer | Gesetzt aus der Akzidenz-Grotesk Next
Druck & Bindung: Livonia Print, Riga | Printed in Latvia | 978-3-948336-00-4